Rockwell Media Center
Whittlesey Drive
Bethel, CT 06801

MI MASCOTA

Meg Greve
Jeanne Sturm

PET TRICKS

www.rourkepublishing.com

PHOTO CREDITS: © Eric Isselée: Cover, page 4, 10, 16; © Dragan Trifunovic: Title Page; © Eline Spek: page 3 left; © Boris Katsman: page 3 bottom right; © Andraz Cerar: page 3 top right; © Jill Lange: page 5; © Erik Lam: page 6; © Frédéric De Bailliencourt: page 7; © Serdar Yagci: page 8; © Dainis Derics: page 9; © Juergan Bosse: page 11; © Maria Bibikova: page 12; © Dusan Zidar: page 13; © Heinrich Volschenk: page 14; © Sebastian Duda: page 15; © Emmanuelle Bonzami: page 17, 20 right; © Oleg Kozlov: page 18, 19; © Eileen Hart: page 20 left; © Shelly Perry: page 21 bottom left; © Miroslava Arnaudova: page 21 top right;

Editor: Kelli Hicks

Cover design by: Nicola Stratford: bdpublishing.com

Interior design by: Renee Brady

Spanish Editorial Services by Cambridge BrickHouse, Inc.   www.cambridgebh.com

Library of Congress Cataloging-in-Publication Data

Greve, Meg.
  Pet tricks / Meg Greve, Jeanne Sturm.
     p. cm. -- (My first discovery library)
  ISBN 978-1-60472-530-8
  1. Pets--Juvenile literature. I. Sturm, Jeanne. II. Title.
  SF416.2G77 2009b
  636.088'7--dc22
                              2008025167

Printed in the USA

CG/CG

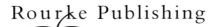

Rourke Publishing

www.rourkepublishing.com – rourke@rourkepublishing.com
Post Office Box 3328, Vero Beach, FL 32964

Las mascotas pueden
hacer cosas maravillosas.

Pets can do
amazing things.

Mi **papagayo** bate sus alas y vuela
en su jaula.

My **parrot** flaps his wings and flies
in his cage.

Bate, bate, bate.

Flap, flap, flap.

4

A mi perro le encanta correr y jugar a tirar la pelota en la playa.

My dog loves to run and play catch on the beach.

Corre, corre, corre.

Run, run, run.

Mi **iguana** se arrastra y se acuesta en su rama.

My **iguana** creeps and lies on its branch.

Arrastra que te arrastra.

Creep, creep, creep.

8

Mi **hurón** pasa sigilosamente por el jardín.

My **ferret** sneaks through the garden.

Pasa, pasa, pasa.

Sneak, sneak, sneak.

10

A mi **gatito** le encanta gatear por la grama.

My **kitten** loves to crawl through the grass.

Gatea, gatea, gatea.

Crawl, crawl, crawl.

12

13

Mi **camaleón** cambia de color cuando tiene frío.

My **chameleon** changes color when he is cold.

Cambia, cambia, cambia.

Change, change, change.

15

Mi **caballo** y yo saltamos por encima de una cerca.

My **horse** and I jump over a fence.

Salta, salta, salta.

Jump, jump, jump.

16

17

Mi ratoncito mascota
sube por mi camisa.

My pet mouse climbs
up my shirt.

Sube, sube, sube.

Climb, climb, climb.

19

¿Qué trucos puede hacer tu mascota?

What tricks can your pet do?

Glosario / Glossary

caballo: El caballo es un mamífero con cuello largo, patas largas, crín y una cola. Las personas montan los caballos o los usan para llevar cargas y jalar objetos pesados.
horse (HORSS): A horse is a mammal with a long neck, long legs, a mane, and a tail. People ride horses, or use them to carry loads and pull heavy objects.

camaleón: Un camaleón es un lagarto que puede cambiar su color. Los camaleones pueden crear una gran variedad de patrones y colores. A veces, los camaleones cambian su color para atraer una pareja.
chameleon (kuh-MEE-lee-uhn): A chameleon is a lizard that can change its color. Chameleons can make many different patterns and colors. Sometimes chameleons change color to attract a mate.

gatito: Un gatito es un gato joven. Un gatito no abre sus ojos hasta siete o diez días después de nacer. La leche de la mamá gata es importante y ayuda al gatito a crecer fuerte y saludable.
kitten (KIT-uhn): A kitten is a young cat. A kitten does not open its eyes for seven to ten days after its birth. The mother cat's milk is important to help the kitten grow strong and healthy.

hurón: Un hurón es un animal largo y delgado, pariente de la comadreja. A los hurones les encanta llevarse las cosas a los escondites secretos. Los hurones son muy activos al atardecer y al amanecer.
ferret (FER-it): A ferret is a long, thin animal that is related to weasels. Ferrets enjoy carrying things off to secret hiding places. Ferrets are most active at dusk and dawn.

iguana: Una iguana es un lagarto grande. Las iguanas comen plantas. Las iguanas pueden medir más de cinco pies de largo.
iguana (i-GWAN-uh): An iguana is a large lizard. Iguanas eat plants. Iguanas can grow to more than five feet long.

papagayo: Un papagayo es un ave tropical con plumas muy coloridas. Muchos papagayos pueden aprender a repetir palabras y sonidos. A los papagayos les gusta comer semillas, frutas y néctar.
parrot (PA-ruht): A parrot is a tropical bird with brightly colored feathers. Many parrots can learn to repeat words and sounds. Parrots enjoy eating seeds, fruits, and nectar.

23

Índice / Index

Lecturas adicionales / Further Reading

Meadows, Daisy. *Harriet the Hamster Fairy*. Orchard Books, 2008.

Selig, Josh. *Good Night, Wonder Pets!* Little Airplane Productions, 2008.

Dodd, Emma. *What Pet to Get?* Scholastic, 2008.

Sitios web / Websites

http://www.kidzworld.com/article/1740-colors-of-a-chameleon

http://animals.howstuffworks.com/animal-facts/animal-camouflage2.htm

http://animals.howstuffworks.com/mammals/horse-info.htm

Sobre las autoras / About the Authors

Meg Greve, maestra de primaria, vive en Chicago con su familia. Actualmente está disfrutando de ser madre y de leerle a sus propios hijos todos los días.

Meg Greve, an elementary teacher, lives in Chicago with her family. Currently, she is taking some time to enjoy being a mother and reading to her own children every day.

Jeanne Sturm y su familia viven en Florida con un perrito, dos conejos y muchos peces. Astro, el perrito de la familia, sabe hacer algunos trucos y está aprendiendo más.

Jeanne Sturm and her family live in Florida, along with one dog, two rabbits, and many fish. Astro, the family dog, knows a few tricks, and is in the process of learning even more.